*Le Chemin Sainte Thérèse Couderc
raconté aux futurs Pèlerins*

Edith ARCHER

Le Chemin Sainte Thérèse Couderc raconté aux futurs Pèlerins

Guide complet des 8 étapes

Édition : BoD – Books on Demand
12/14 rond-point des Champs-Élysées, 75008 Paris
Impression : Books on Demand GmbH, Norderstedt, Allemagne
ISBN : 978-2-3221-7139-2
Dépôt légal : avril 2019

LES 8 ETAPES RESUMÉES PAR LEUR TITRE:

1er Jour : « Entre Alpes et Cévennes »
La Louvesc.......Désaignes (par Nozières)

2ième Jour : « D'une vallée à l'autre »
Désaignes......Le Cheylard (par St Prix)

3ième Jour : « A l'assaut des Cévennes »
Le Cheylard.......Mezilhac (Par Accons)

4ième Jour : « Au fil de la Volane »
Mezilhac.....Vals Les Bains
(par Antraigues, Aixac, Asperjoc)

5ième Jour : « L'étape charnière »
Vals-les-Bains...Largentière-LeGua
Par Aubenas-Porte de l'Ardèche à
l'huile- en « Tout-en-Bus- le matin
Par GRP Tour du Tanargue; Sanilhac (demeure de
Notre Père)

6ième Jour : « Antiques calades et Cévenne Ardéchoise »
Le Gua......St Mélany (ou Dompnac)

7ième Jour : « Au pays de Ste Thérèse Couderc »
Entre schiste et granit, la Maison Natale, le séquoïa géant
St Mélany.....Sablières...Montselgues (GR4)

8ième Jour : « la Finale Monastique »
(Par GR de Pays « Tour de la Montagne Ardéchoise »)
Montselgues......Abbaye Notre Dame des Neiges
(Sur Chemin Stevenson)

La Maison natale de Ste T. Couderc LE MAS à Sablières

La géographie des 8 étapes

AVANT-PROPOS ET UN
« BRIN D'HISTORIQUE »

Ultreïa !

Ultreïa… Ce cri d'encouragement bien connu des pèlerins de Saint Jacques de Compostelle nous met tout naturellement en route ! Il veut dire « En avant » ! Toujours plus loin… Il nous accompagnera tout au long de ces quelques 180 km de magnifiques sentiers ardéchois.

… Mais commençons par un brin d'historique :

Ci-contre, la première affiche qui a été réalisée et distribuée avec un flyer à l'occasion du transfert de Sainte Thérèse Couderc, « notre Sainte ».

Mais qui donc a eu l'idée de créer ce nouveau chemin ? Et bien c'est Sainte Thérèse Couderc elle-même : c'est elle qui me l'a inspiré… alors que je priais à la chapelle du Cénacle dans cette maison qu'elle a fondée à Lalouvesc. C'était le jour où le village de Lalouvesc venait d'apprendre que la pétition des Louvetoux (350 signatures) avait été exaucée et que le corps de Thérèse Couderc, demeuré intact, serait transféré à la basilique de Lalouvesc… Saint Régis, ayant lui-même son beau chemin de grande randonnée, Le chemin de Saint Régis, GR 430 entre Lalouvesc et Le Puy en Velay, Sainte Thérèse Couderc, ardéchoise, méritait bien le sien de Lalouvesc à sa maison natale à Sablières.

Rude tâche ! Du Haut Vivarais à la Cévenne Ardéchoise… mais devant mon hésitation notre Sainte m'a assuré que j'en étais bien capable… Le lendemain, entre deux portes, j'en touche un mot à la Supérieure Générale des Sœurs du Cénacle qui me répond un chaleureux et enthousiaste « OK » avec son magnifique accent irlandais… À l'occasion des Vœux du Maire du village, j'en parle au Responsable de l'état qui m'y autorise et me souhaite « Bon courage »…

Du courage ? Il m'en a fallu ! Car moi-même je ne savais pas où était Sablières… Donc d'abord, il fallait se pencher sur les cartes et puis aller voir sur le terrain. Du « pretium doloris », il y en a eu aussi ! Mais en neuf mois (comme pour un bébé) le chemin était bouclé et magnifique.

Je ne vous en raconte pas plus car il y en aurait pour jusqu'à demain… Mais je tiens à vous dire combien notre chère Sainte a mis la main à la pâte pour m'aider ! Chaque jour durant mes recherches, il y avait un épisode providentiel et cela continue… qu'il en soit de même pour vous. Merci à elle ! Alors… Allons-y !

Sur le Chemin entre La Louvesc et Nozières…
(Première étape)

*** L'ITINÉRAIRE ***

=*180 de magnifiques sentiers Ardéchois du Haut Vivarais à la Cévenne Ardéchoise*=

Le nom laïc de ce chemin pourrait être « La diagonale 7 » car La Louvesc se trouve au nord-est du département à 1080 m d'altitude dans un col d'où l'on a un panorama superbe sur la chaîne des Alpes (à 10 km de la frontière avec la Haute-Loire) et Sablières est au Sud-Ouest à la source de la Dorbie en pleine et profonde Cévenne Ardéchoise !

L'Abbaye Notre Dame de Neiges où aboutit ce chemin se trouve à la limite de la Lozère où il y a la gare SNCF. Mais il est aussi possible de revenir à pied par le GR7.

La Louvesc avec sa belle basilique aux deux clochers (œuvre de Bossant) reste un lieu de pèlerinage très apprécié où l'on vénère **Saint Jean François Régis** « Apôtre du Vivarais ».

Sainte Thérèse Couderc y est venue 200 ans après sa mort pour y accueillir les pèlerines et elle y fonda la congrégation de Notre Dame du Cénacle. Elle repose depuis le 22 septembre 2018 tout près de ce saint jésuite qu'elle était venue servir…

Ce double lieu de pèlerinage a eu ses heures de gloire au début du XX siècle. Les autels se touchaient tous ! Ainsi que les magasins de souvenirs… En ce début de XXI siècle, si la ferveur demeure pour les pèlerins, le village s'est dépeuplé –

bien que station verte très appréciée – Ce lieu de villégiature cherche un « nouveau souffle ». Les Chemins de Grandes Randonnées pourraient l'apporter…

Sablières fut aussi un village fort peuplé. L'agriculture en terrasse nourrissait son homme. (le père de notre sainte fut longtemps maire du pays) C'est aujourd'hui comme pour Lalouvesc un lieu de vacances : à la belle saison toutes les maisons ouvrent leurs volets et on ne sait plus où garer sa voiture… Le cadre certes est magnifique entre les gorges profondes de la Dorbie et les crêtes de montagne entre schiste et granit sauvage et superbe !

L'abbaye de Notre Dame de Neiges, apogée de notre voyage est un haut lieu spirituel ! Elle reste très connue pour son activité vinicole : les vins du Gard montaient s'y bonifier à cette altitude de 1050 m. Sa vocation reste surtout la prière et les offices monastiques ouverts à tous.

Une belle Hôtellerie accueille les Retraitants dans le silence cistercien et la Maison de Zachée est un superbe gîte d'étape pour les randonneurs du Chemin Stevenson et ceux de Sainte Thérèse Couderc !

La gare SNCF de La Bastide Saint Laurent à 3 km, permet de rentrer aux quatre coins de la France. Il y a aussi tout près la **station thermale de Saint Laurent les Bains** pour qui voudrait prolonger par une petite cure de remise en forme…

Balisage en harmonie avec la nature

LE CHEMIN SAINTE THERESE COUDERC RACONTE AUX FUTURS PELERINS

DE… LA LOUVESC… à… . SABLIERES… (sa maison natale)
Ceci en est le récit

Le descriptif détaillé *en italique* s'ajoutera en fin ou au cours de chaque étape.

Premier Jour : *La Louvesc-Desaignes*
« Entre Alpes et Cévennes »

« Qui veut voyager loin, ménage sa monture » dit le proverbe !

Nous partirons donc en « pédibus », par la route de Saint Félicien-Nozières. Notre première station sera à Notre Dame de l'Espérance, où nous nous mettrons sous la protection de « la Première en chemin »…

Puis la nouvelle Croix de la Gougardière en fer forgé nous permettra un temps de partage et de recueillement.

Au col du Faux, le P.R nous descendra au hameau du Faux qui remonte sur les Ascclards, route à main droite puis à gauche Fond du Sardier : une belle piste forestière nous mènera sur la crête vers le sommet de Pointe Rouge à travers la forêt pétrifiée (vestige du terrible incendie de 2003). Magnifique panorama sur notre épaule droite… petit village de Lafarre en dessous… Saint Bonnet le Froid à l'horizon

Nord… Cap sur le Col du Buisson (Haltes plaisantes pour les voitures accompagnantes).

50 m plus loin, le P.R à gauche nous mènera par un beau sentier sur la crête… magnifique panorama sur la chaîne des Alpes par temps clair et une très belle Croix de Chemin nous invitera à la prière !

La Chaux, laissons la ferme à droite et descendons à gauche du petit lac, nous retrouverons la route et tout de suite à droite les ruines du Château de Rochebloine… (Ce nid d'aigle vaut le petit crochet) puis le P.R à droite de la route nous conduira, toujours par cette vieille voie romaine au charmant village de crête de Nozières !

Belle et accueillante Église ouverte ! Et la « Fontaine des pèlerins » (bien nommée pour nous!)

Là, le P.R continue sur la droite et plonge dans la vallée du Doux. Vous reconnaitrez à nouveau le mur de la Voie Romaine.

Desaignes, village de caractère sera le terme de l'étape :
Tous commerces, vieux quartier médiéval et charme ardéchois… Ravitaillez-vous ! Car notre gîte au Vergier est à 2 km en direction de Lamastre. Mais le beau château et la belle maison en face du centre équestre fera oublier ce petit plus… 20 euros la nuitée, nous ferons notre popote. Et dodo en belle chambrée !

Combien de kilomètres avons nous fait, allez vous me demander ? Une petite vingtaine… toutes les étapes seront tout à fait à taille humaine ! (En partant de Lalouvesc à 10h30, je suis arrivée à 18 heures. J'ai 70 ans et de toutes petites jambes ! Et je chemine à allure « contemplative », les voies romaines et calades assurent confort et efficacité.

Descriptif très détaillé :

Tout ce que vous venez de lire devrait presque vous suffir… car à l'image de celle dont il porte le nom, ce chemin est simple… Malgré les nombreux dénivelés qu'il comporte, les étapes ne sont pas dures… Mais pour que vous puissiez cheminer en toute quiétude, voici un complément. Ce n'est pas un travail de professionnel mais du travail de terrain ! Une sorte de bon ange qui se tiendra comme sur votre épaule pour vous guider.

<u>*ÉTAPE n° 1*</u> *: Lalouvesc-Desaignes*

Pour ceux qui ne voudraient pas partir par la route de Saint Félicien depuis Lalouvesc,
  ***Il y a une autre possibilité** au départ de la basilique pour rejoindre le col du Faux :*

  *+ **Prendre au-dessus du cimetière le PR direction Pailharès :** (C'est plus court… mais ça monte et ça descend, assez raide sur la fin, vous n'irez pas plus vite.) C'est un joli sentier dans les bois au dessus de la route.*

Au col du Faux :

  Le Chemin – qui est une ancienne voie romaine – descend en dessous de la toute petite route. Suivre le PR direction Lafarre.
  – Après le hameau du Faux, ce PR remonte jusqu'au hameau des Asclares (eau disponible)
  – Arrivé sur la route, prendre à droite jusqu'à l'embranchement de la route de Lafarre, qu'il faut laisser pour monter à gauche sur

une piste forestière « Le Sardier ». Cette petite route, devient vite un joli chemin de terre à flanc de colline (photo de couverture)... Continuez à monter.

– Après le sous-bois, vous débouchez dans un très beau panorama ! Beau coin pique-nique (2 h de La Louvesc) en haut et le chemin redescend ensuite légèrement à droite.

– Suivre le PR « Paillharès-Col du Buisson », le chemin tout droit ondule plus ou moins en crête (encore joli coin pique-nique) et descend assez raide avant le col du Buisson.

=RDV Voitures accompagnantes =

– Prendre la route de Nozières et à 30 m le chemin monte sur la gauche (PR Nozières). Vous passez en dessous d'une maisonnette aux volets bleus. Le chemin ensuite devient un peu caillouteux et aboutit sur une belle piste en crête : prendre à main droite (Très beau panorama)

– À la belle croix, laisser le PR et descendre tout droit un morceau de chemin d'herbe qui tombe sur une petite route, longer la pièce d'eau (transformateur).

– Arrivé sur la route prendre à gauche. Vous verrez à droite la belle colline du château de Rochebloine. Ne manquez pas d'y monter, il ne reste qu'un bout de mur mais la vue stratégique de ce nid d'aigle vaut le petit détour !

– Quand vous aurez repris le PR à droite de la route, il y a un passage assez pentu. Ce sentier peut être glissant... mais vous atterrissez sur un large chemin à prendre à main gauche.

– En traversant le hameau, il y a un beau bassin d'eau fraîche. Le chemin remonte légèrement pour rejoindre la route. Rapidement à gauche, vous retrouvez le PR, Nozières n'est pas loin.

– Après l'église, le PR se poursuit sur la crête, cap Désaignes, prendre par le plus court.

– *Plongez tout droit dans la vallée du Doux. À mi-chemin, vous trouverez une ancienne école rénovée, qui peut servir d'abri. Le chemin descend tout droit. Suivre le balisage PR.*
– *Quand vous arrivez au centre de yoga, vous êtes presque arrivés. Cette dernière partie peut sembler un peu longue mais ça descend tout le long et c'est goudronné.*
– *Traversée du Doux sur un joli pont et le village de caractère, peut-être bientôt l'un des « plus beaux villages de France », vous accueille !*

Deuxième Jour Desaignes – Le Cheylard. D'une vallée à l'autre…

Cette deuxième étape nous mènera de la Vallée du Doux à celle de l'Eyrieux. Elle se divisera en deux parties : le matin, nous franchirons une vaste colline en partie ombragée dans des châtaigneraies et nous tomberons sur l'ancienne voie ferrée du Mastrou… cette « voie verte » (pas toujours très verte) nous conduira les yeux fermés au Cheylard. Le minuscule village de Saint Prix et celui des Nonières agrémenteront le parcours et la riante vallée de l'Eyrieux nous récompensera de nos kilomètres…

Gîte d'étape au camping municipal à l'entrée du pays : 15 euros la nuitée et pizza maison si nous voulons ! Cadre et accueil très agréable ! Le Cheylard est une charmante bourgade que nous découvrirons le lendemain.

ÉTAPE N° 2 : Desaignes-Le Cheylard

Le tracé du PR indiqué pour le Cheylard semble n'être pas très direct… mais il y a une variante au départ du gîte du Vergier.

Point de départ : au pied d'une grande croix au coin de l'importante menuiserie Bau. (Au-dessus de la route de Lamastre)

– De là, un joli chemin PR longe une grande cerisaie et passe dans une forêt de douglas… tournez à droite et remonter doucement cette vaste colline jusqu'au hameau Le Chazal (Belle châtaigneraie). Les panneaux directionnels n'indiquent pas Norise… Il faut garder tout droit un chemin à flanc et là vous aboutirez sur un joli chemin de terre qu'il faut prendre à main gauche.

Au hameau, il devient une petite route qu'il suffit de descendre jusqu'à un certain replat où vous retrouvez le balisage PR.

– Une petite route arrive sur la gauche – C'est la variante – et très rapidement à droite une autre petite route conduit à un hameau : c'est un très bon raccourci pour rejoindre la voie verte.

– **La Variante:** en quittant le vergier on revient sur ses pas et après la traversée du Pont sur le Doux, prendre à gauche la route sur 1 km (marcher bien à gauche, il y a un peu de circulation) et à droite, prendre la petite route qui monte indiquant une ferme-auberge. Montez là jusqu'en haut et vous retombez sur le PR. Cette variante est bien plus courte. En partant à 8h30 on arrive au Cheylard à 17h et le circuit est joli –

– **Au milieu du hameau**, la route se termine et devient un chemin d'herbe qui n'est pas balisé mais suivre tout droit et vous y verrez des traces de roues de quads. C'est un joli sous-bois, qui passe au-dessus d'une grande antenne rouge et blanche. Ce sentier vous ramène sur une petite route qu'il suffit de descendre jusqu'à la vallée où vous retrouvez la « dolce via ». La prendre à main droite. Il n'y a plus de souci, elle est limitée à 30 km/h.

– Au village de Saint Prix, très joli coin pique-nique dans l'ancienne gare du Mastrou. Il y a aussi une intéressante église au cœur de ce minuscule village.(eau)

– En dessous du village des Nonières, vous traverserez un long tunnel (éclairé), ainsi que plusieurs viaducs et quand vous arrivez à proximité du Cheylard, il faudra passer en dessous du pont à droite après la gare.

– Remonter le long de la rivière jusqu'au camping : l'Eyrieux se traverse sur une sorte de barrage. L'accueil du camping est facile à trouver en face.

Troisième Jour : **Du Cheylard à Mézilhac… À l'assaut des Cévennes !**

Flânerie et ravitaillement avant la messe de 10 h 30, si c'est un dimanche ou 8 h 30 parfois en semaine. Nous partirons par un joli P.R le long de la Dorne et nous passerons au château de la Motte, où résidait St Régis. Le très beau village d'Accon nous permettra une halte dans sa priante Église… et il va falloir monter un peu… Vue superbe sur le Gerbier des Joncs et Le Mézenc à portée de main !

Plusieurs itinéraires possibles… un bon balisage P.R direction Saint Christol nous montera sur la petite et très belle « Route des crêtes » Le panorama et le terrain plat feront oublier le goudron… Et nous n'y croiserons guère de voitures.

La pointe volcanique du Don, entourée de ses troupeaux de brebis séduira les photographes !

Et le montagnard et rustique petit village de Mézilhac vous assurera le dépaysement !

Gîte - Chambres d'Hôtes L'Étape ou Hôtel des Cévennes : 58 euros pour deux personnes, mais très confortable… Bonne nuit sur cette ligne du partage des eaux !

<u>*ÉTAPE N° 3*</u> *: Le Cheylard-Mézilhac*

Le Cheylard… « *La vallée du bijou* » *charmante bourgade très sympathique. Possibilité de flâner et de se ravitailler : tous commerces, distributeur de billets.*

– *Le PR direction* « *Accons* » *se trouve au bout du parking après le pont de la Dorne. Remonter le cours rive droite de ce petit torrent. Bien suivre le PR, il passe au-dessus du château de la Motte (très beau). C'est là que logeait Saint Régis lors de ses missions et il a béni la source… La petite route conduit en montant un peu au pittoresque village d'Accons. (eau)*

– *Le chemin est tout de suite à gauche (goudronné) mais allez voir l'église à droite, elle est très belle et priante et le petit jardin attenant est un idéal coin pique-nique.*

– *Ce PR est une boucle autour d'Accons. Il deviendra vite une large piste forestière (accessible au 4/4) qui monte doucement mais longuement en slalom.*

– *Prendre la direction* <u>*Serre-en-Don.*</u>

– *Arrivé en haut après avoir eu de très belles ouvertures sur le Mont Mezenc, descendre à main droite la petite route qui retombe sur la très belle route des crêtes.*

– *Prendre à main droite et poursuivre jusqu'à Mézilhac. Il passe très peu de voitures mais cependant il est très facile de se faire prendre en charge même sans faire signe !*

– *Si en arrivant à Mézilhac si vous souhaitez monter à la table d'orientation : c'est à gauche à l'entrée du village.*

Quatrième Jour : De Mézilhac à Vals les Bains…
Au Fil de la Volane…

Un peu long, oui… Mais ça descend ! Il faudra partir tôt. Nous suivrons le balisage jaune et rouge d'un GR de Pays… Mais ne le prenez pas tout de suite car il oblige à traverser la Volane à gué… Et de bien se mouiller les pieds ! Prenez la route au col, vous verrez ainsi toutes les gorges de ce tumultueux torrent. Et vous profiterez paisiblement de la lumière matinale…

Le joli village de Laviolle accroché au flanc de la montagne vous permettra une halte mais pas de vous ravitailler ! Et le balisage n'est pas très facile à trouver… longer le ruisseau et la route traversée, une belle portion de chemin (calade) vous attend ! Nous arriverons à Antraigues sur Volane par le haut… dans de belles châtaigneraies. Nous pourrons pique-niquer là ou dans un gentil bistrot dans ce village célèbre où vécu Jean Ferrat… Mais nous ne sommes pas arrivés ! Le volcan d'Aizac – l'un des plus jeunes- nous attend et il nous faudra le franchir… c'est beau et sauvage…

Nous prendrons une petite pause sur le flanc ouest lorsque le bassin d'Aubenas et le massif du Tanargue nous apparaîtront ! Puis c'est le village de crête d'Asperjoc et son église perchée qui nous accueillera. Lieu idéal pour célébrer la messe si un prêtre nous accompagnait…

Vals les Bains est en vue ! Avec le monastère Sainte Claire à nos pieds… Une vieille calade va nous y conduire… Mais le fort dénivelé rendra les bâtons fort nécessaires !

Le charme de l'accueil des jeunes sœurs clarisses nous consolera de cette petite difficulté.

(30 euros la nuitée, calme monastique et offices priants dans leur chapelle)

Ça y est nous sommes complètement passés de « l'Ardèche au beurre » à « l'Ardèche à l'huile » ! Les km ? Plus de 20, certes ! Partie à 6 heures du matin, j'étais au monastère à 18 heures, mais ne vous inquiétez pas, j'ai traîné… On ne rencontre guère de monde sur les chemins, mais les êtres que l'on croise sont de Vrais Humains !

<u>ÉTAPE N° 4</u> : *Mézilhac-Vals-les-Bains*

Comme je vous l'ai dit, ne prenez pas le GRP à sa source… car barrière difficile etc.
– Descendez la route au col, très peu fréquentée à cette heure matinale. L'étape est un peu longue.

=Les voitures accompagnantes pourront avancer jusqu'à Laviole =

– À Laviole, reprendre le GRP au-dessous de l'église. Au coin d'un escalier en contrebas d'une antique calade, longeant un ruisseau…
– Garder la petite route jusqu'au joli pont sur la Volane. Morceau de route balisée GRP et à gauche, monter une plus petite route.
– À droite, très joli sentier-calade jusqu'à la chapelle Saint Roch au-dessus d'Antraigues. Coin pique-nique agréable…
– Près de l'église, il y a un Bistrot – Restau bien sympathique aussi. Église ouverte.

= Agréable RDV pour les voitures accompagnantes=

– Pour rejoindre Aizac : Le PR se prend au « Pont de l'huile ».

Descendre vers la route à droite, c'est un peu décousu… Monter dans une belle châtaigneraie en exploitation.

– Aizac, minuscule village est au milieu de collines (Bistrot de pays Le Kaisaco très recommandable)

= Les voitures accompagnantes pourront vous y amener ou vous y attendre =

– Cap sur Asperjoc : le PR monte à gauche après le bistrot de pays. Suivre le balisage direction Asperjoc… ça monte, c'est plat et ça descend.

– Arrivé sur le flanc Sud, très beau point de vue sur le bassin d'Aubenas et le Tanargue.

– Le chemin descend légèrement en slalom et dans un virage à droite, prenez une piste à gauche qui se faufile à travers bois, au flanc d'un mamelon qui aboutit dans un parc à chèvres, le traverser et bien refermer les barrières. Les biquettes vous feront probablement un brin d'escorte.

– Atterrissage sur la petite route qui mène à ce pittoresque village de crête, cap sur le clocher. (Eau au cimetière.)

– De là, il n'y a plus qu'à plonger sur Vals-les-Bains. Le petit couvent Sainte Claire est en dessous. On descend presque à pic dans une calade antique et vénérable… mais agressive pour les genoux !

– Arrivé sur la route, prendre à main gauche puis traverser la Volane en abandonnant tous les balisages.

– Le couvent est après le poste d'essence au passage protégé (arriver avant 18 h 30)

= Parking dans la cour pour les voitures accompagnantes =

Cinquième Jour : L'Etape Charnière par Aubenas...
Vals les bains- Largentière... Le Gua

Ce sera là, notre étape charnière ! Ce chemin pouvant très bien se diviser en deux parties : Par Aubenas donc : messe matinale avec les sœurs clarisses (bijou de piété et de beauté) et nous partirons en « Tout'enBus »... une petite navette (1 euro) qui mène à Aubenas. Cela évitera une partie urbanisée et permettra une rapide visite de la vieille ville (château-église, messe à 8h30 en semaine et 9h30 tous les jours à la Maison Ste Marthe). Puis nous prendrons le car T.E.R venu de Montélimar où nous pourrons rejoindre ceux qui viendront de Lyon ou d'ailleurs... Et à 11h10 nous débarquerons à Largentière ! Supermarché bien achalandé. Il sera utile de nous ravitailler... car après c'est « la brousse » ! Belle église et le G.R du Pays Tour du Tanargue nous prendra en charge.

Antique calade genre voie romaine... nature très sauvage, mais plusieurs hôtels très étoilés... donc le coin est beau ! Cap sur Sanilhac...

Et là, 3 possibilités :

1 - Suivre docilement le G.R.P par la Tour de Brison : et vous tomberez directement sur Le pont du Gua (si vous n'êtes pas tombés avant car c'est scabreux !)

2 – Allez quand même à « la Tour » ; le somptueux et grandiose panorama en vaut la peine ! (mais peine il y a aura...) et là, faites demi-tour, revenez par le P.R direction Vernon. Vous trouverez le chemin de la Demeure Notre Père.

3 – La voie de la sagesse… En vue de Sanilhac (beau coin pique-nique), Mettez le cap sur le clocher ! Traverser ce joli village et retrouvez la petite route à La Chapelette ! Gardez la route principale en crête… laissez à droite celle de la Tour de Brison et dans une courbe vous verrez le panneau (très rustique) La Demeure Notre Père !

Ce minuscule monastère sera le fleuron spirituel de notre voyage ! Deux ou trois ermites y vivent comme au IIIe siècle ! Ancienne et vénérable ferme cévenole – St Régis y aurait séjourné – Ce lieu extraordinaire est magnifique ! Nous y arriverons pour les Vêpres (18 heures) et la gentillesse toute évangélique de ces moines bénédictins sera des plus réconfortantes ! Nous y reviendrons le lendemain pour la messe !

À une demi-heure de là, nous serons à table à la Boucharade, charmant bistrot de pays au bord de la rivière ! Pour cela, remonter le bout de chemin qui vous à mené à la Chapelle et reprendre le grand chemin… Assez vite, après un genre de pont, le P.R tourne à gauche et conduit à une maisonnette « bric à brac » et tourne à gauche pour aboutir dans le joili hameau du Gua… devant le Restaurant.

Le gîte sera dans des bungalows, Relais des Brisons : confort et pittoresque assuré amis c'est de l'autre côté de la rivière que se trouve le camping. Remontez la route et passer le pont. On y fera notre petit-déjeuner… Bonne nuit en pleine nature sous les étoiles !

ÉTAPE N° 5 : Largentière-Le Gua

En « Tout'enbus » le matin : l'arrêt de cette petite navette (1 euro) est en aval du couvent direction centre à 100 m. Bus toutes les heures.

– *En 20 minutes, il mène à Aubenas, Place de la Paix où se prend le car TER vers 10 h 30.*

– *Le car TER direction Les Vans arrive de Montélimar et il conduit jusqu'à Largentière, arrivée 11 h 15 devant le supermarché.*

– *Prendre le GR de Pays « Tour de Tanargue » devant l'église en haut à gauche du centre. Il devient rapidement une calade, bien dégradée et la descente est bien difficile. Je conseillerai presque de revenir sur vos pas à l'arrêt du car pour prendre la route Montréal à gauche en arrivant.*

– *La route longe le ruisseau sur 1 km puis balisage jaune et rouge, direction Sanilhac. Cette petite route passe au-dessus d'un bel hôtel. Le chemin monte sur la gauche. En haut, vous retrouvez la route.*

– *La descendre un peu à droite et dans un coude, le chemin de terre à gauche est bien indiqué. Il monte en douceur jusqu'à un panneau de direction. Joli coin pique-nique en vue de Sanilhac.*

C'est de là les 3 possibilités déjà expliquées dans la première partie de ce livret-guide.

*… … … … ….***Mais il y a la variante par Montréal** *et « l'essayer c'est l'adopter » ! Même distance, plus riante et moins dure. Déjà en arrivant du car vous aurez vu une grande tour carrée et son village médiéval. Donc en descendant qu car, revenir un peu en arrière pour prendre la route Montréal et à 1 km vous verrez les panneaux directionnels.*

– *Laisser Sanilhac et prendre Montréal*

– *Après le pont une petite route monte à l'assaut de cette place forte*

– *À l'entrée du village continuez par le PR jusqu'au pied du château. La belle place des vieux mûriers est un coin pique-nique idéal.*

– *Poursuivre par la route qui longe le cimetière (eau), juste après un beau chemin de terre s'ouvre à droite direction Sanilhac. Ce n'est pas très bien balisé et à un carrefour en « V » il faut prendre la branche qui descend à droite. Elle amène au bord du ruisseau. Les balises « Chemin Sainte Thérèse Couderc » devraient faciliter l'orientation.*

– *Juste après le pont, monter à gauche sur une jolie calade qu'il faut suivre jusqu'à l'église. Ce charmant village de Sanilhac offre un beau panorama sur le Mont Ventoux !*

<u>Sixième Jour :</u> *Antiques calades et Cévenne Ardéchoise- La Gua… Saint mélany ou Dompnac.*

Une fameuse étape ! La Cévenne profonde et authentique. Le dénivelé sera moins dur qu'il n'y paraît… Nous débuterons par la calade que nous avons vue la veille, serpentant tout au long du flanc de la montagne jusqu'au hameau de La Roche… le G.R de Pays continue jusqu'au sommet… Nous croiserons de vieilles pierres, maisons du temps de Ste Th. Couderc où peut-être elle venait voir ses cousins ? Car Sablière n'est plus loin : panorama presque angoissant de beauté sauvage… Arriver sur la crête ! Cap sur St Mélany… ou sur Dompnac où se trouve une petite chapelle St Régis.

Je vous explique Saint Mélany, gîte Le Travers… Mais il faut descendre profond et remonter ! Après avoir traversé la rivière sur un pont magnifique, où nulle voiture n'est jamais passée ! La calade de schiste n'est pas en très bon état. Quand on retrouve le balisage jaune et rouge, il faut le prendre du côté d'en haut et l'on finit par voir la belle lauze indiquant le gîte…

Belle récompense après tous ces crapahutées !

ÉTAPE N° 6 : *Le Gua-Saint Mélany ou Dompnac*

Pour les catholiques pratiquants, possibilité de remonter à la messe de 11h30 à la Demeure Notre Père. Compter une petite heure mais ça vaut la peine. Il y a le temps car l'étape est courte bien que dénivelée…

– Reprendre le GRP direction « La Roche », par la fameuse calade qui serpente mais vous serez surpris de la facilité de l'ascension !

– Après la traversée de la petite route montez et montez toujours ! C'est magnifique. Le GRP est bien balisé. Jolie pause dans les rochers de granits, châtaigniers, panorama à couper le souffle… du souffle il en faut encore un peu pour atteindre le col de Caïras où vous arrivez sur une petite route.

Pour la variante par Dompnac (très recommandée notamment par mauvais temps)

– Prendre à main gauche la petite route qui descend direction Poucharesse. Continuer cette petite route et vous apercevrez sur la hauteur la jolie petite chapelle St Régis. Monter la voir et revenez au col direction Dompnac. Vous êtes sur le versant Sud.

– Très rapidement à gauche, emprunter le P.R. C'est une très belle calade qui conduit jusqu'à ce village du bout du monde.

– À gauche, après le village et le réservoir d'eau, monter le PR à droite qui conduit en peu de temps au Gîte La Champ-de-Merle. C'est comme pour St Mélany une vieille ferme cévenole et comme souvent dans cette architecture, il faut chercher l'entrée… mais l'on trouve et l'on est pas déçu.

Pour Saint Mélany, au col de Caïras, il faut passer devant le réservoir d'eau et à droite en bas d'une sorte de plate forme, il y a le P.R. qui descend la colline. Le hameau de charnier se signale par une belle porcherie. C'est là qu'il faut descendre pour traverser le fameux pont…

Septième Jour : Au Pays de sainte Thérèse Couderc-Sablières, la maison natale.

Aujourd'hui, on arrive à Sablières !

Descendez de Saint Mélany par la petite route et vous atterrirez sur la route de Sablières Je n'ose pas dire la grande route car elle est minuscule et guère fréquentée… mais plate et plaisante. On trouve de jolis bassins d'eau, les 7 km ne vous paraîtront pas longs. Au Largeron, on coupe par un très beau pont en dessous de Sablières… Le pont « Ste Thérèse Couderc » dirons-nous !

L'église risque d'être fermée mais derrière vous verrez sur le mur de la mairie la plaque indiquant « L'école des filles », tenue par les Sœurs de Saint Régis !

Vous pourrez venir fêter votre arrivée au Bistro de Pays très sympa… Ce sera vers midi.

Arrivé ? Pas tout à fait ! Car la maison natale de notre Sainte est au Mas !

Poursuivez la route jusqu'au P.R sur la droite et ce sera une très belle promenade. Un immense bloc de granit rose borde le chemin. Et derrière la maison, ce sera le séquoia géant marqué sur les cartes IGN !

On arrive à la maison par-derrière en empruntant l'antique chemin : moment très impressionnant et émouvant ! La maison est parfaitement conservée. Les sœurs y viennent en été, le lieu est calme et beau, une plaque nous indique la « maison natale ».

Et là, si l'on veut, option en « V » comme « Marie-Victoire » 1805-1885, les plus pressés pourront prendre la branche de gauche par Thine…

Gîte étape pittoresque dans l'ancien presbytère ! 13 euros et remarquable église romane !

Le G.R 4 vous ramènera au Vans et vous pourrez rentrer sur Aubenas ou plus.

Pour moi, je préconise la branche de droite par Montselgues pour terminer à l'Abbaye Notre Dame des Neiges. Pour cela, monter la très belle calade de granit (PR Montselgues 6 km), l'un des plus beaux moments du chemin !

Sans fatigue, vous arriverez sur la crête où passe le G.R 4, le gîte La Bombine – 40 euros la demi-pension – est très bien, la table fort copieuse et l'ambiance joyeuse.

Gîte d'étape de groupes, lits à étage etc., situé sur une longue crête… RDV pour le lever du soleil le lendemain!

ETAPE N° 7 : St Mélany ou Dompnac-Montselgues

– *Comme pour Saint Mélany, emprunter pour descendre sur la route de Sablières la petite route goudronnée.*

– *En 5 km, vous arriverez près d'une belle maison qui borde la route et où se trouve une très jolie source (eau potable). En dessous on peut admirer le Pont du Rouge.*

– *Garder la route comme déjà expliqué…*

– *De Sablières pour rejoindre la maison natale de Ste Th. Couderc au Mas (3 km par la route) 3 possibilités : La route, le PR qui fait une belle boucle par le haut, le PR qui longe la route par en dessous. Je vous conseillerai un mélange de ces 3 itinéraires :*

– *Garder la route jusqu'au pont qui traverse la Dorbie et ensuite monter le PR à droite à travers les bois de châtaigniers.*

– *Arrivée au poteau directionnel, prendre à gauche Le Mas. Passez en dessous d'un énorme bloc de granit rose. On appelle cette colline « Les boules de Gargantua ».*

– *Bien garder cette calade jusqu'à la « Place des sourires ».*

– *Prendre la piste à gauche (assez bien balisée) qui amène à* une toute petite route à prendre à main gauche, elle conduit au fameux séquoia géant.

— Après, il faut prendre à gauche une vieille calade qui descend à travers le bois de châtaigniers et aboutit derrière « Le Mas ». Prendre à main droite et vous pourrez ouvrir le portillon à gauche ; Vous êtes arrivé ! Une belle source vous accueillera sur la terrasse.

— Pour repartir, remonter au séquoia géant et reprendre la petite route à droite jusqu'au poteau directionnel.

— Prendre Montselgues. Le P.R emprunte une très belle calade de granit. Vous arrivez au gîte « La Bombine » en gardant à main gauche ou continuez le P.R si vous faites étape au village.

Huitième Jour : Montselgues-Abbaye Notre dame des neiges… la finale monastique

Je n'ai pas beaucoup eu l'occasion de le dire mais ce chemin est magnifique !

Le lever de soleil sur le massif denté du Tanargue ! Sublime… Notre Ardèche vaut tous les voyages à l'étranger ! Après un très copieux petit-déjeuner dans une vaste et belle salle à manger, nous partons par le GR 4 en crête puis G.R de pays « Tour de la montagne ardéchoise » le bien nommé en effet car il y a du dénivelé ! Montselgues… Ce pittoresque village nous permettra d'y rencontrer des cousins de Sainte Thérèse Couderc ! Chez eux, nous prendrons la clé pour visiter la très belle église. Notre Ardèche est remplie de trésors cachés !

Pas trop longue la visite aux cousins, car nous ne sommes pas arrivés.. Mais ils sont extraordinairement charmants et très heureux de la création de ce chemin !

Direction « Laval d'Aurelle » par G.R.P. Le paysage est

si beau sur ces gorges de la Borne et le Mont Lozère que l'on en oublie d'avancer !

L'étape va être sportive ! Ça monte et ça descend... Au cœur d'une nature des plus sauvage et impressionnante de beauté !

Suivre le balisage jaune et rouge, parfois usé, il vous évitera de trop paniquer... c'est «perdu» certes... Mais un torrent paradisiaque vous apparaîtra au fin fond d'un « val d'enfer » !

Puis vous retrouverez la calade sous un rocher en surplomb et une petite prairie, un jardin potager... la « civilisation »... nous sommes sauvés ! Un hameau au bout du monde Ourlette... du goudron ! On l'apprécie..., continuer le G.R.P. vous conduira à lavalle d'Aurell puis à Ubac, vous rencontrerez une petite vierge sur un pilier, qui nous rappellera notre première prière à Notre Dame de l'Espérance !

Et puis à travers les châtaigneraies, il va falloir plonger dans les gorges de la Borne !

Nous la traversons par le « Pont du Péril », c'est plutôt la remontée qui sera périlleuse, mais si belle... Et sauvage à souhait ! Nature parfaitement intacte et authentique au hameau de Tressol, laissez le G.R.P et prenez à gauche la petite route. Vous pourrez faire du 4 km à l'heure sur 2 km. Puis un grand panneau de direction sur la droite vous indiquera Notre Dame des Neiges !

Ça va monter, jusqu'au plateau, faites lentement... Et en vous retournant regardez le chemin parcouru. En haut, traversez la route et une belle plaque de l'Abbaye vous informera que vous pénétrez sur le domaine du monastère.

Descendez à gauche dans une magnifique forêt !

La maison de Zachée est juste en bas à droite. Il y aura probablement des petits ânes dans le clos, car nous arrivons sur le chemin de Steevenson et nombreux sont les randonneurs. Le gîte est très classe (classe – monastique).

L'accueil du Frère Frédéric, charmant, Paix joyeuse imperturbable !

L'office des vêpres est à 18 heures et le repas à 19 h 15. On y mange très bien. Après la vaisselle, nous monterons à Complies ! Ce lieu respire une Paix profonde. Confortables petites chambrettes… Et pour le prix c'est en « donativo ». (On donne ce que l'on veut on met dans le tronc..mais n'en profitez pas pour abuser.)

ÉTAPE N° 8 : Montselgues-Abbaye Notre Dame des Neiges

Si vous avez logé à La Bombine repartez par où vous êtes venus direction Montselgues.

– Après le petit pont sur un ruisseau, abandonnez le GR et partez à gauche sur le PR qui longe le ruisseau et monte à flanc de colline. Point sublime en haut puis redescente jusqu'à l'église de Montselgues.

– À Montselgues, retrouvez le GR de Pays « Tour de la montagne ardéchoise » qu'il suffit de suivre jusqu'à Tressol. Je détaille un peu :

À « Teste Rouge » le chemin descend et traverse le hameau puis remonte (goudronné) et le GRP se prend à gauche en traversant un fossé. Le sentier descend et on tombe sur un ruisseau. Il y a un talus assez difficile à franchir (les chiens ne sont pas méchants). Il faut traverser le petit pont. Le chemin remonte ensuite le long de la maison… assez longuement jusqu'à un sommet. Redescente : compter une heure jusqu'au ruisseau. À Ourlette vous pouvez garder la route jusqu'à Lavalle d'Aurel. Là, remontez bien par le GRP. Très beau… À près Ubac, le chemin redescend. Le GRP passe en dessous d'un séchoir à châtaignes. Il n'y a plus de difficultés. Soyez seulement bien prudent c'est un peu escarpé.

Pour faciliter l'intergénérationalité, les voitures accompagnantes seront les bienvenues

<u>Neuvième Jour :</u> En option : Les thermes de Saint Laurent les Bains

Les pressés pourront après la messe de 7 h 30, aller prendre le train à la Bastide St Laurent (Lozère – 3 km). À 10 heures il y a deux trains qui peuvent vous emmener aux quatre coins de la France, sauf le dimanche.

Mais je propose, après l'effort, le réconfort ! : une petite séance aux thermes de St Laurent les Bains

(Pour 20 euros, on pourra tremper 2 h dans la bienfaisante eau thermale)

Et nous repartirons par le G.R 72… le chemin des muletiers.

Dixième Jour : En option aussi :
Abbaye Notre Dame des Neiges

Le dimanche la grand-messe est à 10 h 30. Nous aurons la compagnie de Charles de Foucault et de beaux films à aller voir sur la vie de cette abbaye cistercienne…

Pour ceux qui voudraient rentrer à pied : le GR7 peut vous ramener sur le Chemin de Saint Régis par le Mont Mezenc et Fay sur Lignon…

Quant à ceux qui voudraient revenir sur le Puy en Velay, ils leur suffit de remonter le Chemin Stevenson (4 jours) et de là se relancer sur le Chemin de st Jacques de Compostelle ! Ultreïa !

L'Abbaye de Notre Dame des Neiges la Bien nommée !

Chemin de l'Ermitage à La Demeure Notre Père

Petit lexique pour pèlerin néophyte et toutes informations pratiques

Les voitures accompagnantes – Les hébergements – L'équipement – Le budget – Les saisons – Les Cartes – Le balisage – Les moyens d'accès -

Les voitures accompagnantes :

Parlons tout de suite des voitures accompagnantes…
Ce sont elles qui feront de ce chemin un Chemin « pour

tous »… car bien que ce voyage à pied ne soit pas dur, il est quand même pour Bons Marcheurs… Il n'est pas rare que le randonneur se trouve en chemin de 8 heures à 18 heures (cela tout compris!). On ne fait pas du 4 km/heure à jet continu !

Mais souvent du 2,5… et parfois moins en montée. Avec tous les fréquents arrêts… pique-nique… buvette (portative), mettre et enlever le pull etc. Donc les voitures accompagnantes sont les bienvenues. Premièrement, elles portent les bagages ce qui n'est pas rien car l'ennemi du pèlerin, c'est le poids vous diront tous les guides de Saint Jacques de Compostelle… Même quand il n'est pas lourd, le sac est toujours trop lourd. On peut porter sans fatigue 10 % de son poids… donc faîtes le compte… Pour moi, j'ai un sac de 5 kg mais avec mes 45 kg c'est trop !

Pour les voitures, il en faut 2 (si tout le monde veut marcher…). C'est très simple et cela ne prend pas beaucoup de temps… Le matin 2 chauffeurs emmènent les 2 voitures à l'étape du soir (ou la demi-étape). Une voiture est laissée et l'autre revient avec les deux chauffeurs. Elle est laissée et tout le monde marche. Arrivée à l'étape, la voiture A revient à la voiture B et toutes deux rentrent à l'étape. Les parcours journaliers étant d'une vingtaine de kilomètres, c'est très vite fait. Cela permet éventuellement de raccourcir les étapes qui paraîtraient un peu longues ou de transporter des membres de la famille dont l'âge ou l'état ne permet pas de randonner « à plein temps »… Chemin intergénérationnel ai-je dit ! Beaucoup font comme cela sur le Chemin de Saint Jacques, je peux vous le dire moi qui en suis une « vraie » pèlerine.

Le budget :

Marcher c'est gratuit ! Mais les hébergements c'est payant… et le seul reproche que l'on puisse faire à ce Chemin – comme à tous les chemins de Grande Randonnée en France – c'est qu'ils ont un coût. Pour celui de Thérèse Couderc, il faut compter tout compris près de 300 euros pour les huit jours. Mais en dehors de cela, vous ne dépensez pas un sou (Peut-être pour certains ou certaines une bière ou un panaché en fin d'étape à l'arrivée).

Détaillons : les demi-pensions. On ne trouve guère à moins de 40 euros tout compris :

Dîner/Coucher et petit-déjeuner. C'est toujours très bien et copieux !

Les gîtes en gestion libre où l'on fait sa popote : il faut compter entre 15 et 20 euros. Quand on a les voitures accompagnantes, on peut transporter les provisions et les premiers arrivés font le dîner…

Il y a aussi les campings : presque chaque village-étape en possède un et là c'est moins cher. Mais il faut pouvoir être autonome et porter sa tente sur le dos (ou la faire porter par les voitures).

Donc bienvenus les scouts et les groupes de jeunes !

Dans les hôtelleries monastiques c'est moins cher et à Notre Dame des Neiges, c'est formidable, c'est en « donitivo »…

Les saisons et la météo :

Et puis il y a la météo ! Le moins plaisant dans les randos c'est quand il ne fait pas beau… la pluie ! Oui, ça gâche un peu… un peu ? Pas vraiment… On a tous des ponchos et heureusement, il ne pleut pas tous les jours ! Mais c'est formidable quand il fait beau.

Il y a aussi les fortes chaleurs, périodes très déconseillées pour le plaisir de la rando mais quand on a que les vacances d'été… on est bien obligé… (partir tôt, se reposer à l'heure chaude)

Le brouillard… c'est ce qu'il y a de plus frustrant car de partout les paysages sont magnifiques… mais ça aussi c'est rare…

Par grand mauvais temps, ne prenez pas de risque, attention au sol glissant et comme je le conseille, mieux vaut garder les routes dans ces cas-là.

Pour les saisons, un hiver doux serait formidable..mais hélas, bien des gîtes ferment en cette période. Printemps et automne sont excellents ! A partir du mois d'avril jusqu'à la mi-octobre, tous les gîtes sont généralement ouverts.

L'équipement :

Le sac à dos : permettez-moi d'en dire un mot car je suis effrayée lorsque je vois leurs contenus. On ne part pas à l'Himalaya même si nous sommes entre terre et ciel, on reste en pays civilisé. Cependant j'ai dû répondre à un ami pèlerin qui me disait : « Tu ne vas pas me dire que l'on va être 3 jours sans rencontrer une épicerie ? » Et bien si… Donc c'est vrai qu'il faut toujours avoir de bricoles dans son sac : barres de céréales, fruits secs etc. mais il faut aussi savoir « pèleriner malin ». Les repas du soir et du matin sont copieux... On peut garder un bout de fromage ou de charcuterie qui fera pour le pique-nique du lendemain. Et puis parfois la nature nourrit son homme en automne notamment : figues, noix, raisins sauvages, pommes, poires... et pour l'eau... là il en faut ! Hélas un litre d'eau, c'est 1 kg. Deux petites bouteilles en plastique d'un demi-litre c'est bien (car on en trouve, je le signale) et chacun voit selon sa soif...

Balisage :

Ce Chemin emprunte des sentiers existants et déjà balisés, soit en jaune et blanc quand il s'agit de chemin de Petite Randonnée (P.R) soit en rouge et jaune pour les chemins de Grande Randonnée de Pays (GRP). Mais Le Chemin a aussi son propre balisage ; il vous surprendra par sa rusticité... Parfois le simple mot « Bonté » inscrit sur un bout d'écorce ou sur un caillou et accroché çà et là en harmonie avec la nature. Mais le plus souvent, ce sera une belle écorce avec l'indication « Chemin Ste Thérèse Couderc » jalonnant l'itinéraire sans faire concurrence aux marques « officielles » ou une petite flèche dessinée en blanc et violet... Comme pour les discrètes coquilles qui balisent les chemins de St Jacques, seuls les pèlerins les remarquent. Hélas ces balises encourent toujours le risque de disparaître, donc c'est ce livret-guide qui reste le plus sûr.

Il est précisé que comme pour tous les chemins de grandes randonnées quels qu'ils soient, le marcheur les emprunte <u>sous son entière responsabilité</u>. Les rédacteurs de ce guide ne peuvent en rien être tenus responsable de tout accident ou autre désagrément même si ce travail au plus près du terrain devrait vous apporter la quiétude promise.

Les cartes :

Il est important de les avoir bien consultées avant ! Mais sur le terrain, elles ne vous renseigneront pas forcément… La carte routière Michelin 331 « Ardèche-Haute-Loire » est parfaite ! Et indispensable pour les voitures. La carte IGN 2838OT « Largentière-Vivarais-Cévenol » est très bien aussi ; de La Louvesc, il en existe une également.

Très important : les téléphones portables ont du réseau (Orange) pratiquement tout au long de l'itinéraire.

Les distances et dénivelés :

Pour les distances, il est difficile de les indiquer avec grande exactitude, vous les trouverez sur les panneaux directionnels. En tout cas, chaque étape est aux environs d'une vingtaine de kilomètres.

Ce Chemin part à 1 080 m et arrivée à 1 080 m… Cependant le dénivelé n'est pas nul : l'Ardèche et surtout la Cévenne Ardéchoise n'est pas la Bauce… C'est un « Chemin de caractère »… *Les sœurs du Cénacle disent que l'on ne peut pas comprendre leur fondatrice tant que l'on est pas allée à sa maison natale… ce pays fait obligatoirement des âmes « bien trempées ».*

Du dénivelé certes il y en a, il est difficile de l'indiquer en chiffre… je vous dis quand ça monte et quand ça descend…

Durant ces 8 étapes nous aurons à franchir plusieurs cours

d'eau dont certains dans des gorges mais pas de panique, nos anciens qui se déplaçaient principalement à pied savaient construire… et ces voies romaines ou « calades » empruntées assurent confort et efficacité…

L'intendance :

« L'intendance suivra » disait un célèbre général ! Ce sera le cas avec des voitures accompagnantes, sinon il faudra la porter sur le dos d'où l'utilité de la réduire au maximum. Le dépouillement étant l'apanage du pèlerin… Voici quelques petits conseils : les vêtements, il en faut peu, mais bien adaptés et de bonne qualité… facile à laver et surtout à sécher ! Le premier travail du voyageur arrivant à l'étape est de laver son « petit linge » et de l'essorer dans un torchon (ce qui réduit de moitié le temps de séchage).

Les Hébergements :

Les gîtes… parlons en car pour le randonneur c'est là le nerf de la guerre ! Ils sont tous différents, tous charmants ! Mais ce genre d'hébergement risque de n'être pas très pérenne d'une année à l'autre. Donc en préparant votre voyage bien vous assurer qu'ils sont toujours « en service ». Les uns peuvent disparaître, d'autres se créer ; Pour cela voir les offices de tourisme, voir la liste à la fin. En tout cas, **IL FAUT RESERVER !** C'est là pour vous l'assurance de la « quiétude »…

À Lalouvesc : c'est tout indiqué « l'abri du pèlerin » créé au siècle dernier par le Père Bonnard justement pour les pèlerins de St Régis. Il est des plus charmant, rustique, sympathique, convivial… On peut y rester plusieurs jours en gestion libre.

La commune a aussi un gîte d'étape derrière la basilique. À Lalouvesc il y a tous les services mais attentions, il n'y a pas de distributeurs de billets !

Abri du pèlerin: 04.75.67.82.63.
Gîte Communal : 04.75.67.83.07.
Camping municipal : 04.75.67.84.86.

Désaignes : Gîte au Vergier : la Bergerie du Château (très sympathique) belle maison de pierre en face du centre équestre et ouvert toute l'année. Au village de « caractère », on trouve tous les commerces et de bons restaurants.

ou camping municipal Le soleil rouge en bungalows, à l'entrée du village près du Doux.

La bergerie du Château : 06.74.21.55.44.
Le camping Soleil Rouge : 04.75.06.63.81. lesoleil.rouge@orange.fr

Le Cheylard : gîte communal ou camping municipal (on fait sa popote et on se ravitaille en arrivant à l'épicerie de la gare sur le chemin) ;

Gîte comunal : 06.16.26.65.68.
Camping : 06.27.60.65.19.
Paroisse : 04.75.29.03.69.

Mézilhac : Chambres d'hôtes l'Etape ou Hôtel des Cévennes (environ 58 euros pour deux)

Possibilités de loger à Lachamp Raphaël à 5 km : gîte communal ou privé.

L'Etape (Chambres hôtes): 06.62.61.82.14.

Hôtel des cévennes : 04.75.38.78.01. hotel.des.cevennes@gmail.com
Chalet de l'Areilladou (Mézilhac) : 04.75.66.90.16. contact.areilladou@adsea07.org
Béthel (lachamp-Raphaël à 5 km) : 06.01.76.91.97.
L'Espace Raphaël (pour groupe) : 04.75.38.78.86. mairie.lachamp.raphael@inforoutes-ardeche.fr

Vals les Bains : Hébergement chez les sœurs clarisses (demi-pension environ 30 euros)
Soeurs Clasrisses (Monastère Ste Claire) : 04.75.87.83.40.
Camping Au Fil de La Volane (Vals) : 06.19.46.02.65.
le moulin (La Bastide sur Besorgues, 8km) 06.31.61.19.96.

Le Gua : Gîte-camping Le Relais des Brisons : super en bungalows ou petite chambre pour deux genres igloos en bois ; On peut petit-déjeuner au soleil levant au dessus la rivière La Baume dans un écrin de montagnes On voit le petit clocher de La demeure Notre Père. Pour manger, je recommande le bistrot de pays la Boucharade.
Relais des Brisons (Beaumont-Le Gua) : 06.71.38.89.35. / 04.75.39.43.52.
Bistrot de Pays La Boucharade (Sanilhac) : 04.15.39.20.57.

Saint Mélany : gîte Le Travers demi-pension 38 euros ou à Dompnac : gîte La champ de Merle. Les deux sont plein de charme et d'égale qualité dans un genre légèrement différent.
Le Travers (St Mélany) : 04.75.36.96.46. phliegeois@wanadoo.fr
Lachamp de Merle (Dompnac) : 06.41.90.36.36.

Montselgues : gîte « La Bombine » en demi-pension, au village gîte Lafage et chambres d'hôtes au bistro de pays.
Ou à Thines : gîte communal : 13 euros environ
La Bombine (Montselgues) : 06.89.85.88.29.
La Fage (Montselgues) : 04.75.36.94.60. contact@gite-la-fage.com
Bistrot de Pays : Auberge l'Aure (Montselgues) : 06.71.37.37.08.

Abbaye de Notre Dame des Neiges : Gîte La maison de Zachée ou Hôtellerie monastique.
Maison de Zachée : 04.66.46.59.00.
Pour ceux qui voudraient séjourner à Sablières :
La Ferme du Fourré (Accueil paysan) très bien !: 04.75.93.58.87.
Camping La Dorbi (Près de la maison natale) : 04.75.36.95.22. ladorbie@aliceadsl.fr

Les moyens d'accès :

Pour se rendre à Lalouvesc : tous les jours de semaine à partir de la **gare de Lyon Part-Dieu,** Train TER (à 16h20) jusqu'au péage de Roussillon puis correspondance avec le car pour Annonay. Prendre son billet SNCF pour Annonay à 17h45 à la gare routière d'Annonay, car pour Lalouvesc (18 h 10) arrivée ensuite à 18 h 50. (Le Sept)
Depuis le Sud : Possibilité d'arriver par **Valence** puis car avec correspondance à **Tournon** pour Lalouvesc en été seulement.

Pour le retour de **l'Abbaye Notre Dame** des neiges : gare SNCF à La Bastide St Laurent, 2 trains passent à 10 h pour le Nord et pour le Sud.

Il est possible de revenir à Lalouvesc dans la journée pour retrouver sa voiture.

Les Offices du Tourisme :

Lalouvesc : contact@valday-ardeche.com
Lamastre : oti.lamastre@orange.fr
Val'Eyrieux : r.schockmel@valeyrieux.fr
Pays d'Aubenas : direction@aubenas-vals.com
Val de Ligne : responsableoit@cc-valdeligne.fr
Cévennes d'Ardèche : direction@cevennes-ardeche.com
Cévennes et Montagne Ardéchoise : direction@cevennes-ardeche.com

Remarques :

Le marcheur quel qu'il soit, randonne sous sa propre responsabilité, comme cela est le cas notament pour les pèlerins de Saint Jacques de Compostelle.

Bien que ce livret-guide fait en sorte de vous donner un maximum de renseignements, ce chemin restera « votre chemin », à vous de l'organiser selon vos désirs et vos possibilités. Je reste à votre disposition pour tous renseignements complémentaires :

Édith ARCHER (Créatrice du Chemin) : 06.86.04.66.90.
Mail : crypte.ador@free.fr
Facebook : Chemin de randonnée sainte Thérèse Couderc

ou OFFICE du TOURISME de LA LOUVESC.

Ce séquoia aurait été planté par le grand-père de Marie-Victoire Couderc le jour de sa naissance (1 février 1805)

CONCLUSION :

D'un séquoia à l'autre,
… Bouquet spirituel… .

Chemin de pèlerinage aux sources pour la famille religieuse du Cénacle » : c'est là, la première vocation de cet itinéraire pédestre et spirituel.

« Faire connaître et aimer Jésus » : c'est là le résumé du message de Sainte Thérèse Couderc…

Dans le **«Parc des Pèlerins» à Lalouvesc** juste au-dessus de la basilique où notre Sainte repose, il y a un très beau séquoia s'élevant droit vert le ciel.

À Sablières, au-dessus de sa maison natale, **un autre séquoia… géant celui-ci !** Noté sur les cartes IGN. Il aurait été planté par le grand-père de Marie-Victoire (Ste Thérèse Couderc) le jour de sa naissance… Cet arbre géant et exotique me paraît un beau symbole de l'œuvre de cette petite ardéchoise.

La congrégation qu'à Lalouvesc elle a fondée prospère dans tous les continents. (Nous avons pu le constater lors de son transfert à la basilique le 22 septembre 2018). Ce petit village du Haut-Vivarais bruissait d'une extraordinaire ferveur :

Sœurs de Cénacle, membres de la famille Couderc (nombreux…) Toutes générations confondues et la foule des pèlerins venue de toute part !

Lalouvesc retrouvait son spirituel lustre d'antan…

« La vocation de Lalouvesc, c'est le pèlerinage » nous a dit récemment un vieux louvetou.

Pélerins-randonneurs, Randonneurs-pèlerins ! C'est tout un…

Le marcheur trouvera dans la paix et la beauté de cette nature « Œuvre du Créateur » la joie de la liberté et de la rencontre avec lui-même… Le perpétuel déséquilibre qu'est le mouvement de la marche amène à l'équilibre de l'être…

… Alors, en toute quiétude… ULTREIA !

Edith ARCHER (rédigé le 4 mars 2019)

Marche !… Tes pas seront tes mots…
Le chemin ta chanson
Ta fatigue ta prière
 Et ton silence, enfin te parlera…
Un Autre marche avec toi et te cherche.
Pour que tu puisses LE trouver…

Paroles de Sainte Thérèse Couderc

Dieu est bon. Il est plus que bon… Il est Bonté !
Il me semble que Dieu est le centre de notre âme,
qu'elle ne peut trouver le repos qu'en Lui.
Employons bien le moment présent,
seul à notre disposition et tout se fera…
L'Esprit de Jésus est un esprit de mansuétude,
de calme et de paix…
La précipitation et le trouble ne seront
jamais des types de perfection.
Le cœur ne vieillit pas.
C'est tout ce que j'ai fait : Me Livrer.
Le Bon Dieu a fait tout le reste.
Dieu est tout ; Et comment ne serait-Il pas tout à l'âme qui
L'a trouvé et qui le goûte, puisqu'Il est le souverain Bien

__Auteure de ce livret-guide :__ __*Édith ARCHER*__ – Créatrice du Chemin -

__Collaboratrice :__ ***Inès DELAJOIE :*** **Professionnelle de santé et auteure, vous propose son roman pour vous distraire…** « *Le Couvent des Cyprès* » :
« **Un roman positif qui nous invite à trouver le sens du bonheur…** »
Disponible *en librairie ou sur tous sites de livres d' internet.* Ed. BoD 2018. (14 euros)
Belle lecture !